Impressum
Verlag: BABADADA GmbH, Nedderfeld 112 , 22529 Hamburg
Geschäftsführer / Verlagsleitung: Harald Hof
Druck: Books on Demand GmbH, In de Tarpen 42, 22848 Norderstedt

Imprint
Publisher: BABADADA GmbH, Nedderfeld 112 , 22529 Hamburg, Germany
Managing Director / Publishing direction: Harald Hof
Print: Books on Demand GmbH, In de Tarpen 42, 22848 Norderstedt

school

baruumsaa

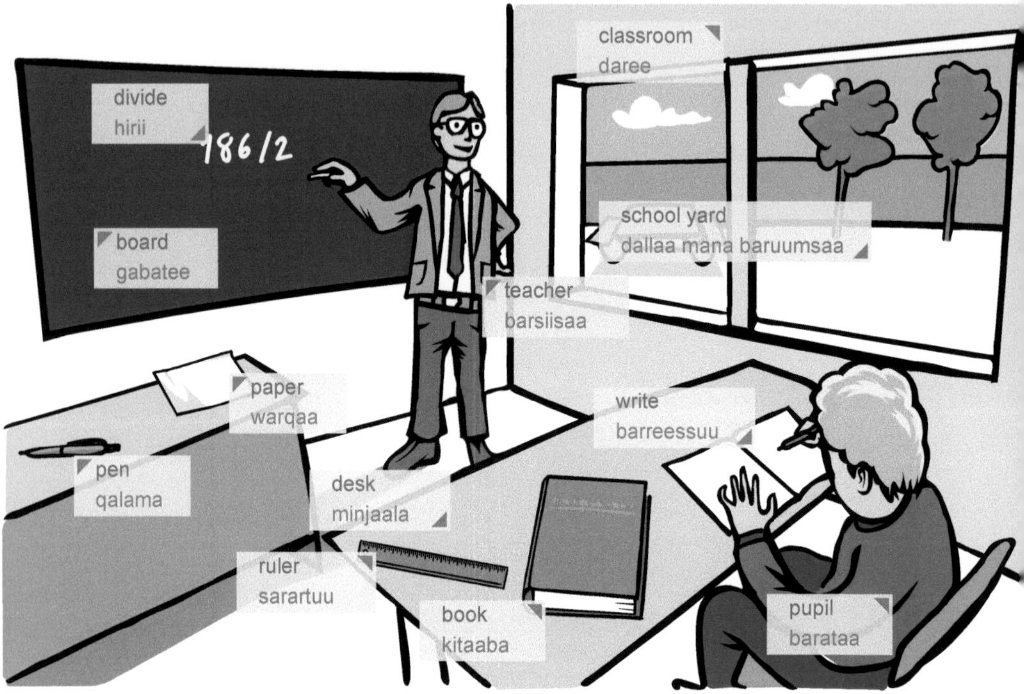
classroom
daree
divide
hirii
186/2
board
gabatee
school yard
dallaa mana baruumsaa
teacher
barsiisaa
paper
warqaa
write
barreessuu
pen
qalama
desk
minjaala
ruler
sarartuu
book
kitaaba
pupil
barataa

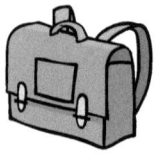

satchel

korojoo baattamu

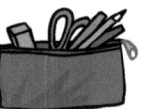

pencil case

teessoo irsaasii

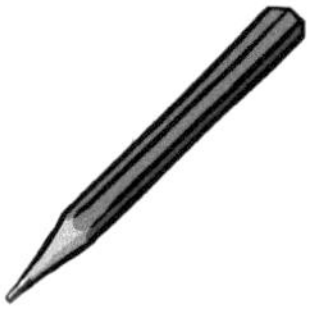

pencil

irsaasii

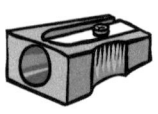

pencil sharpener

qartuu irsaasii

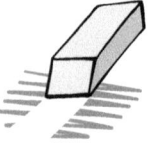

rubber

haqxuu

drawing pad

paadii fakkii

drawing	paintbrush	paint box
fakkii	burusha halluu	saanduqa halluu

scissors	glue	exercise book
maqasa	maxxansituu	daftara

homework	number	add
hojii manaa	lakkoofsa	ida'ii

subtract	multiply	calculate
hir;isi	bay;isi	heerregii

letter	alphabet	word
xalayaa	tarree qubee	jecha

text

kitaaba barataa

read

dubbisuu

chalk

biroonkii

lesson

baruumsa

register

galmeessuu

examination

qormaata

certificate

raga barreeffamaa

school uniform

uffata mana baruumsaa

education

barnoota

encyclopedia

insaaykiloopeediyaa

university

yuunivarstii

microscope

maaykiroos kooppii

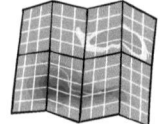

map

kaartaa

waste-paper basket

qircaata gatoo

travel
imala

hotel
hoteela
Grand
hostel
hosteela
ROOMS
EXCHANGE
currency exchange office
biiroo de cheenjee
suitcase
shaanxaa kafanaa
car
konkolaataa

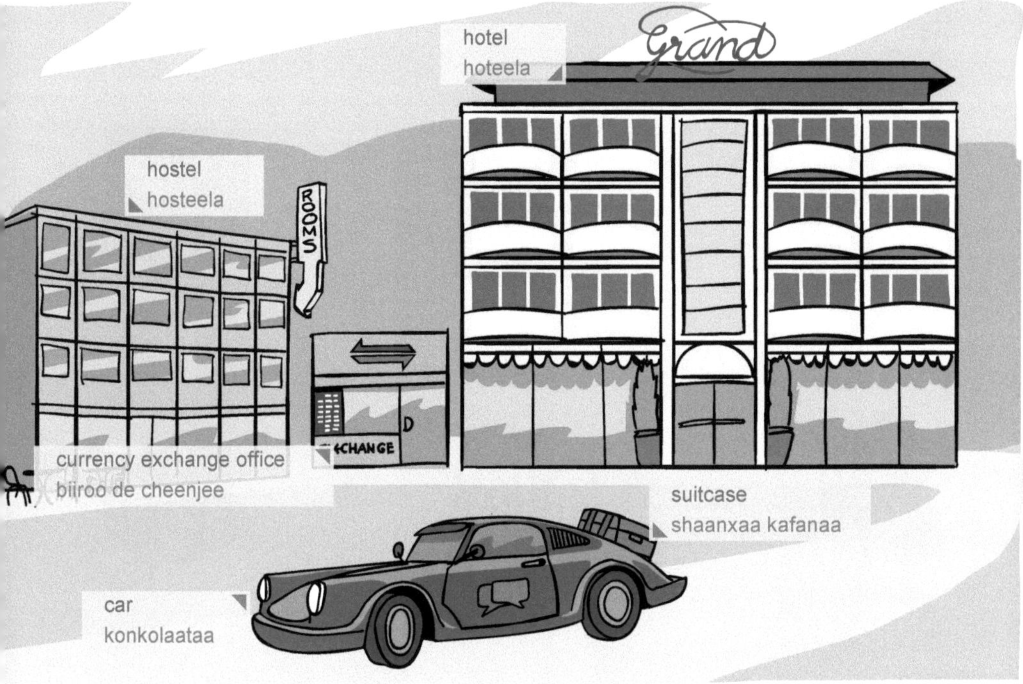

language

afaan

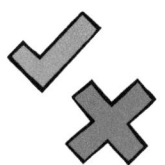

yes / no

eyyeen / mitii

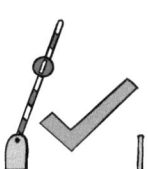

Okay

haa ta'u

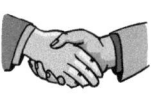

hello

heloo

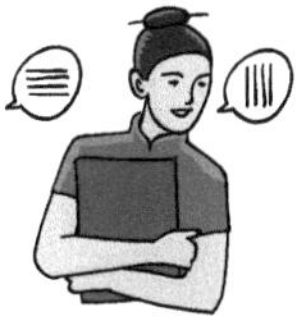

translator

turjmaana

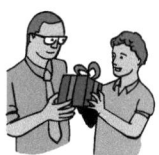

Thank you

galatoomaa

how much is…?

meeqa

I don´t get it

naaf hingalle

problem

rakkoo

Good evening!

akkam ooltan

Good morning!

akkam bultan?

Good night!

halkan gaarii

goodbye

nagaatti nagaatti

direction

kallattii

luggage

ba'aa imalaa

bag

korojoo

backpack

ba'aa dugdaa

guest

keessummaas

room

kutaa

sleeping bag

korojoo hirriibaa

tent

dukkaana

travel - imala

tourist information

odeeffannoo turistii

beach

qarqara haroo

credit card

kireedit kaardii

breakfast

ciree

lunch

laaqana

dinner

irbaata

Ticket

tikkeetii

elevator

liiftii

stamp

chaappaa

border

daangaa

customs

barmaatilee

embassy

embaasii

visa

viizaa

passport

paasspoortii

transport

geejiba

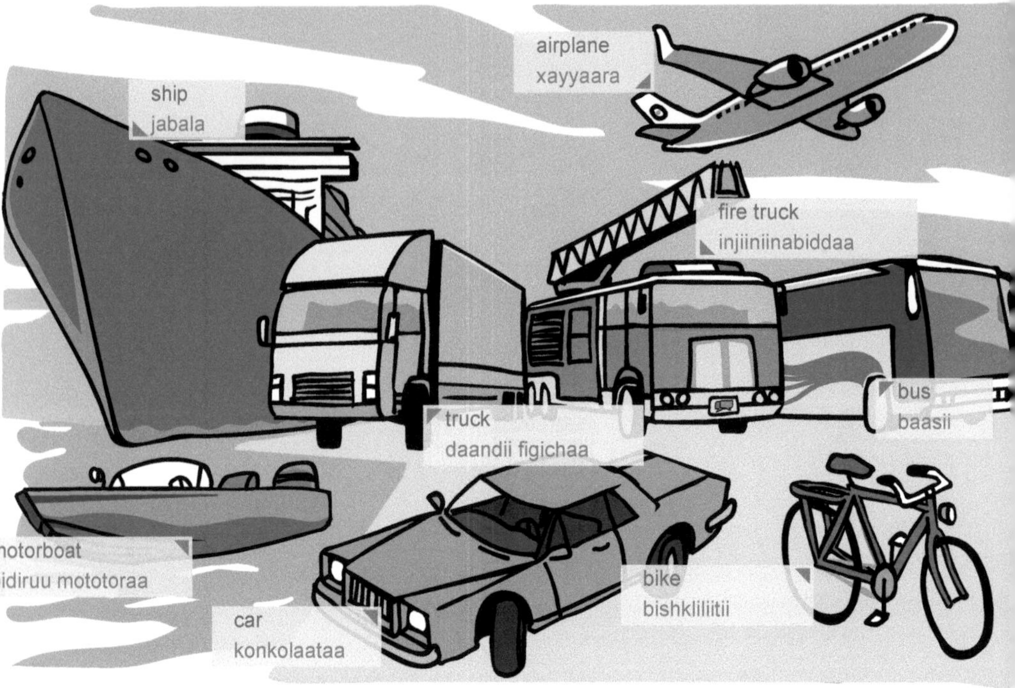

airplane
xayyaara
ship
jabala
fire truck
injiiniinabiddaa
bus
baasii
truck
daandii figichaa
motorboat
bidiruu mototoraa
bike
bishkliliitii
car
konkolaataa

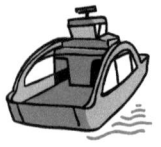

ferry

bidiruu deeddebii

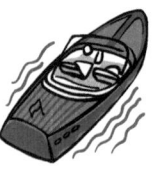

boat

bidiruu

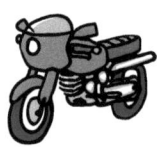

motorbike

doqdoqqee

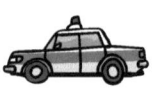

police car

konkolaataa foolisaa

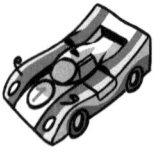

racing car

konkolaataa dorgommii

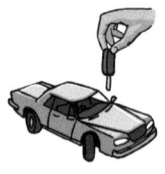

rental car

konkolaataa kiraa

car sharing

konkolataa waliin gahuu

tow truck

marsaa boqqoonna

garbage truck

daandii dhorkaa

engine

motora

fuel

boba'aa

fuel station

buufata boba'aa

traffic sign

mallattoo tiraafikaa

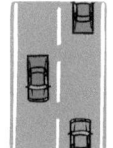

traffic

tiraafika

traffic jam

cuccufaa daandii konkolaataa

parking lot

dhaabbii konkolaataa

train station

buufata baburaa

tracks

konkolaataa guddaa

train

baabura

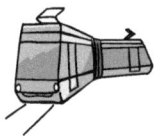

tram

baabura eleektirikaa

wagon

gaarii fardaa

helicopter

helikooftara

airport

buufata xayyaaraa

tower

qooxii

passenger

keessummaa

container

konteenara

carton

kaartunii

cart

gaarii

basket

qirccaata

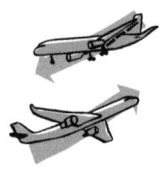

take off / land

barrisuu / qubachuu

city

magaalaa gudaa

village

araddaa

city center

handhuura magaalaa

house

mana

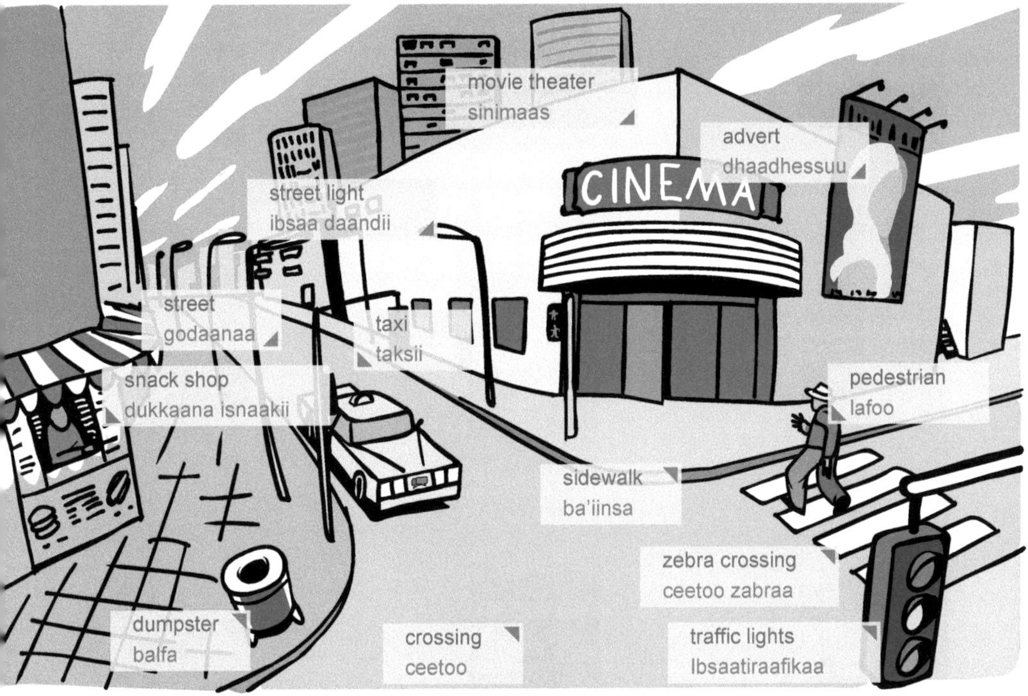

movie theater
sinimaas

advert
dhaadhessuu

street light
ibsaa daandii

CINEMA

street
godaanaa

taxi
taksii

snack shop
dukkaana isnaakii

pedestrian
lafoo

sidewalk
ba'iinsa

zebra crossing
ceetoo zabraa

dumpster
balfa

crossing
ceetoo

traffic lights
Ibsaatiraafikaa

hut
godoo

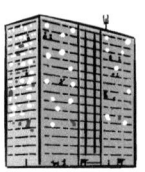

apartment
diriiraa

train station
buufata baburaa

city hall
galma magaalaa

museum
muuziyeemii

school
baruumsaa

university

yuunivarstii

bank

baankii

hospital

hospitaala

hotel

hoteela

pharmacy

mana qorichaa

office

waajjira

book shop

dukkana kitaabaa

shop

dukkaana

flower shop

gurgurtuu abaabo

supermarket

suppar maarkeetii

market

gabaa

department store

kuusaa dame

fishmonger's shop

kiyyeessituu qurxxummii

mall

giddu gala gabaa

harbor

buufata galaanaa

park

paarkii

bench

tessoo dalgee

bridge

riqica

stairs

sibsaabii

subway

Lafa jala

tunnel

holqa

bus stop

buufata konkolaataa

bar

baarii

restaurant

mana nyaataa

postbox

saanduqa poostaa

street sign

mallattoodaandii

parking meter

idoo dhaabbii konkolaataa

zoo

dallaa beeladaa

swimming pool

haroo daakkaa

mosque

masgiida

farm

qonna

pollution

faalama

cemetery

iddoo awwaalchaa

church

charchii

playground

dirree taphaa

temple

siidaa

landscape

teechuma lafaa

leaf
baala

signpost
maxxansa beeksiisaa

path
karaa

meadow
huruufa magariisa

stone
dhakaa

hiker
nama lafoo deemu

tree
muka

river
laga

grass
mrga

flower
abaaboo

valley

sulula

hill

tabba

lake

hara

forest

bosona

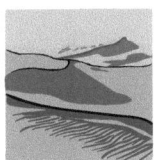

desert

gammoojjii oo;aa

volcano

dhooyinsalafaa

castle

masaraa

rainbow

sabbata waaqqaa

mushroom

jaarsa marqoo

palm tree

muka teemiraa

mosquito

bookee busaa

fly

balali'uu

ant

mixii

bee

kanniisa

spider

sarariitii

landscape - teechuma lafaa   15

beetle
boombii

frog
hurrii

squirrel
shikookkoo

hedgehog
xaddee

hare
beelada illeentii fakkaatu

owl
jajuu

bird
simbira

swan
daakkiyyee

boar
ifaannaa

deer
godaa

moose
godaa ameerikaatti argamu

dam
riqicha

wind turbine
tarbaayinii buubbee

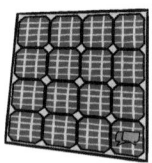

solar panel
panaalii soolaarii

climate
haala qilleensaa

restaurant
mana nyaataa

waiter
keessummeessaa
menu
meenuu
chair
teessoo
soup
saamunaa
pizza
piizaa
cutlery
katlarii
tablecloth
uffata minjaalaa

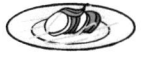

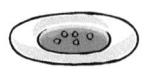

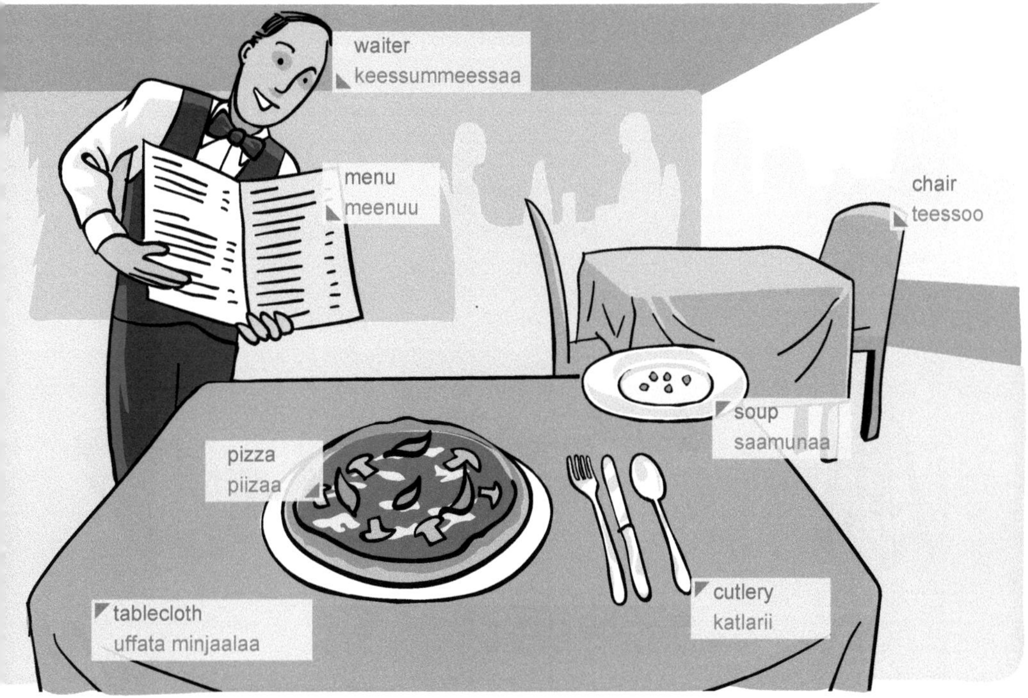

starter
calqabsiisaa

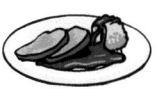

main course
madda muummee

dessert
deezaartii

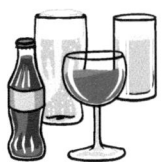

drinks
dhugaatii

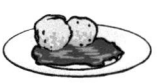

food
nyaata

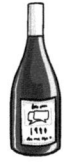

bottle
qaruuraa

fast food

nyaata qophaa'aa

street food

nyaata karaa irraa

teapot

markajii shaayii

sugar bowl

qodaa shukkaaraa

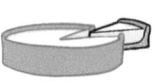

portion

uwwisa

espresso machine

maashina espereessoo

high chair

teessoo ol ka'aa

bill

nagahee

tray

tirii

knife

hlbee

fork

shuukkaa

spoon

fal'aana

teaspoon

fal'aana shaayii

serviette

uffrata minjaala nyaataa

glass

burcuqqoo

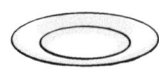

plate
diiriiraa

soup plate
teessoo saamunaa

saucer
teessoo siinii

sauce
sugoo

salt shaker
qodaa sooqiddaa

pepper mill
daaktuu barbaree

vinegar
hadhooftuu

oil
zayita

spices
qimamii

ketchup
kachappii

mustard
sanaafica

mayonnaise
maaynoneezii

supermarket
suppar maarkeetii

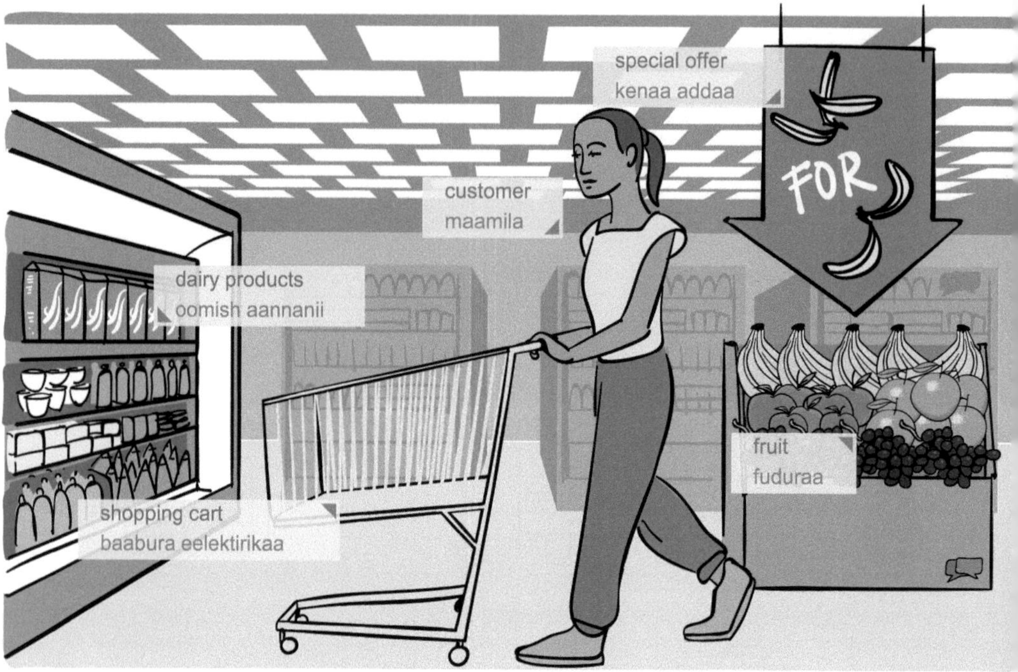

special offer
kenaa addaa
FOR
customer
maamila
dairy products
oomish aannanii
fruit
fuduraa
shopping cart
baabura eelektirikaa

BUTCHERS

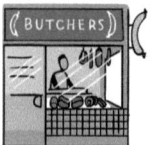

butcher's shop

mana foonii

BAKERY

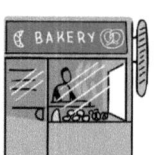

bakery

tolchituu

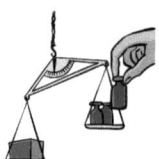

weigh

ulfaatina safaruu

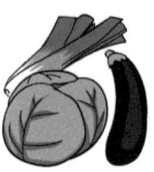

vegetables

kuduraa

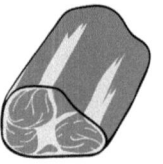

meat

foon

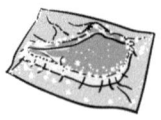

frozen food

nyaataqorraa

cold cuts

foon qorraa

canned food

nyaata samsmaa

detergent

oomoo

candy

mi'aawaa

household products

oomisha meeshaa manaa

cleaning products

bu'aa qulqulleessuu

sales representative

nama gurgurtaa

cash register

hanga

cashier

qarshi qabduu

shopping list

taree gabaa

opening hours

sa'aatii baniinsaas

wallet

krojoo qarshii kan dhiiraa

credit card

kireedit kaardii

bag

korojoo

plastic bag

korojoo pilaastikaa

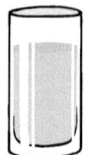

water

bishaan

juice

cuunfaa

milk

aannani

coke

kookii

wine

wayinii

beer

biiraa

alcohol

alkoolii

cocoa

kookaa

tea

shaayii

coffee

buna

espresso

espereesso

cappuccino

kaappuchuunoo

banana

muuzii

apple

aappilii

orange

burtukaana

melon

meeloonii

lemon

loomii

carrot

kaarotii

garlic

qullubbii adii

bamboo

leemmana

onion

qullubbii

mushroom

jaarsa marqoo

nuts

godoo

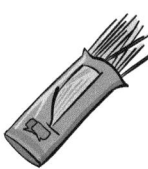

noodles

gowwaa

spaghetti

ispaageetii

rice

ruuza

salad

salaaxaa

fries

chiipsii

fried potatoes

moose affeelamaa

pizza

piizaa

hamburger

hmbargarii

sandwich

saanduchii

escalope

kotaleetii

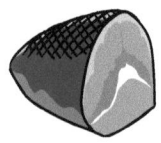

ham

foon booyyee kan luka
fuuiduraa

salami

nyaata mi'eessituu fi
sooggiddan sukkummame

sausage

sausage

chicken

lukuu

roast

waaddii

fish

qurxummii

porridge oats
bulluqa aajjaa

muesli
masliis

cornflakes
fandishaa

flour
daakuu

croissant
kiroosantii

bread roll
daabboo-

bread
daabboo

toast
dabboo oo'aa

cookies
buskuuta

butter
dhadhaa

curd
itittuu

cake
keekii

egg
buuphaa

fried egg
buuphaa affeelamaa

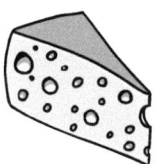

cheese
ayibii

food - nyaata

ice cream

aays kireemii

sugar

shukkaara

honey

damma

jelly

marmaalaataa

nougat cream

chokkoleetii bittinnaa'aa

curry

kuurii

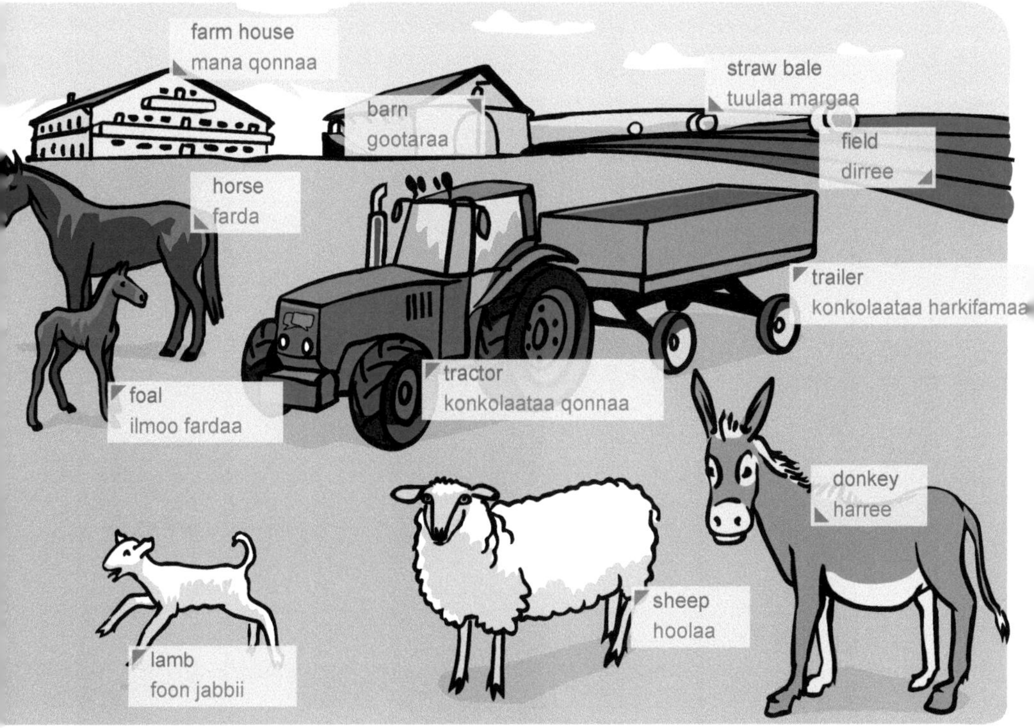

farm house
mana qonnaa

barn
gootaraa

straw bale
tuulaa margaa

field
dirree

horse
farda

trailer
konkolaataa harkifamaa

foal
ilmoo fardaa

tractor
konkolaataa qonnaa

donkey
harree

lamb
foon jabbii

sheep
hoolaa

goat
ra'ee

cow
sa'a

calf
jabbilee

pig
booyyee

piglet
ilmoo booyyee

bull
korma

goose

ziyyee

duck

daakkiyyee

chick

lukkuu

hen

lukkuu haadhoo

cockerel

lukkuu kormaa

rat

hantuuta

cat

adurree

mouse

hantuuta goodaa

ox

qotiyyoo

dog

saree

dog house

mana saree

garden hose

ujjummoo oddoo

watering can

kan ittin bishaan obaasan

scythe

haamtuu dheeraa

plow

qotuu

sickle
....
haamtuu

hoe
....
gasoo

pitchfork
....
manshii

axe
....
qotoo

pushcart
....
gaarii goommaa

trough
....
suluula

milk can
....
meeshaa aannanii

sack
....
keeshaa

fence
....
dallaa

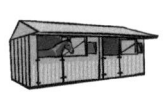
stable
....
tasgabbii

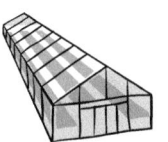
greenhouse
....
mana biqiltuu

soil
....
biyyee

seed
....
sanyii

fertilizer
....
dachee gabbistuu

combine harvester
....
kmbaayinara haamaa

harvest

haamuu

harvest

haamuu

yams

biqiltuu hundeen isaa
nyaatamu

wheat

qamadii

soya

sooy

potato

moose

corn

boqqoolloo

rapeseed

raappii siidii

fruit tree

muka fudraa

manioc

kzaavaa

grain

midhaan biilaa

house
mana

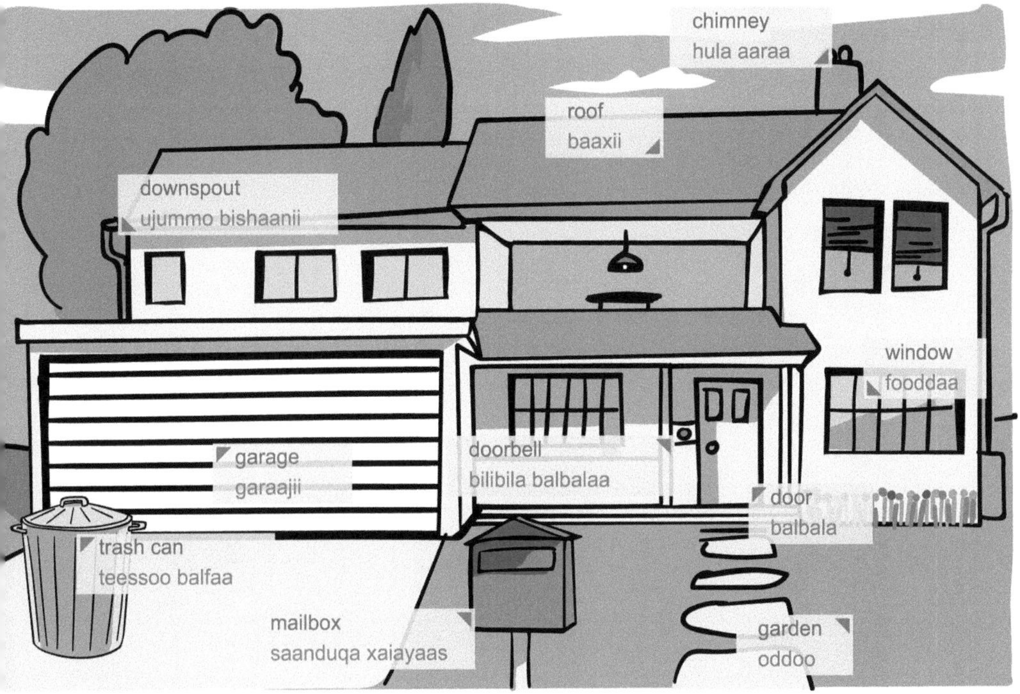
chimney
hula aaraa
roof
baaxii
downspout
ujummo bishaanii
window
fooddaa
garage
garaajii
doorbell
bilibila balbalaa
door
balbala
trash can
teessoo balfaa
mailbox
saanduqa xaiayaas
garden
oddoo

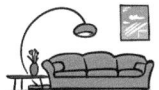

living room

kutaa jireenyaa

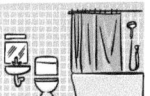

bathroom

kutaa dhiqannaa

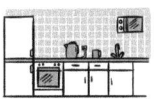

kitchen

mana bilcheessaa

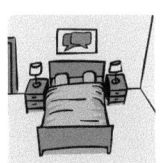

bedroom

kutaa ciisichaa

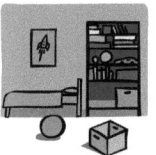

kids room

kutaa ijoollee

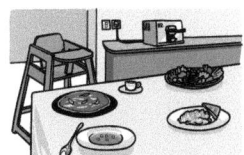

dining room

kutaa nyaataa

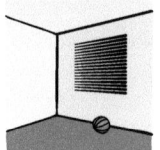	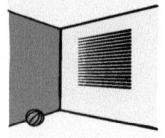	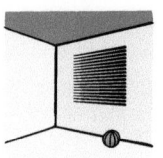
floor	wall	ceiling
lafa	ededaa	baaxii
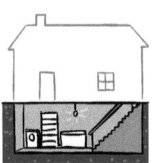		
cellar	sauna	balcony
seelaarii	saawunaa	baankoonii

terrace	pool	lawn mower
madaba	puulii	konkoolaataa haamaa
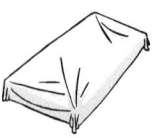		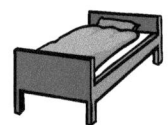
sheet	bedspread	bed
ansoolaa	uffata siree	siree

broom	bucket	switch
hartuu	baaldii	cufuu

living room
kutaa jireenyaa

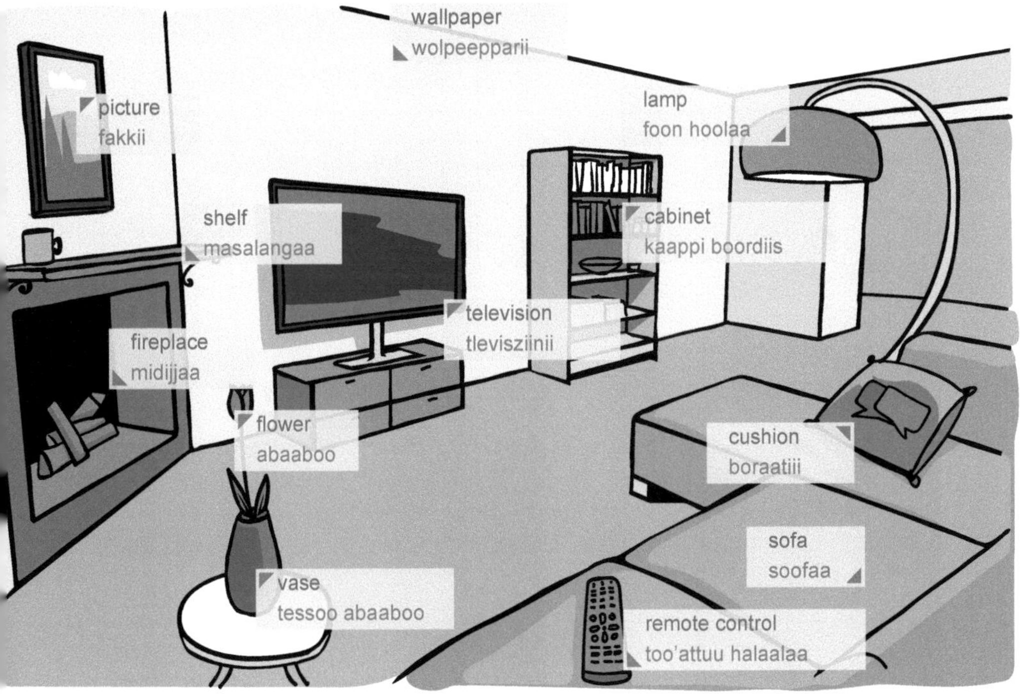
wallpaper
wolpeepparii
picture
fakkii
lamp
foon hoolaa
shelf
masalangaa
cabinet
kaappi boordiis
television
tleviszìinii
fireplace
midijjaa
flower
abaaboo
cushion
boraatiii
sofa
soofaa
vase
tessoo abaaboo
remote control
too'attuu halaalaa

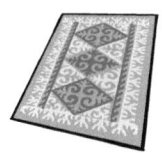

carpet

afata

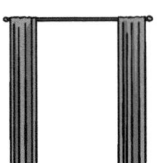

drape

golgaa

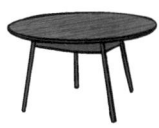

table

minjaala

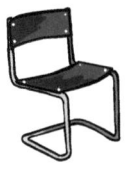

chair

teessoo

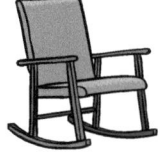

rocking chair

teessoo rarra'aa

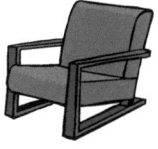

armchair

teesoo ciqilffannaa

book
kitaaba

blanket
uffata qorraa

decoration
midhagina

firewood
muka qoraanii

film
fiilmii

stereo system
meeshaa

key
furtuu

newspaper
gaazexaa

painting
dibuu

poster
barjaa

radio
reedyoonii

notebook
daftara yaadanoo

vacuum cleaner
meeshaa eeleektirikaa afata
qulqulleessu

cactus
laaftoo

candle
dungoo

kitchen
mana bilcheessaa

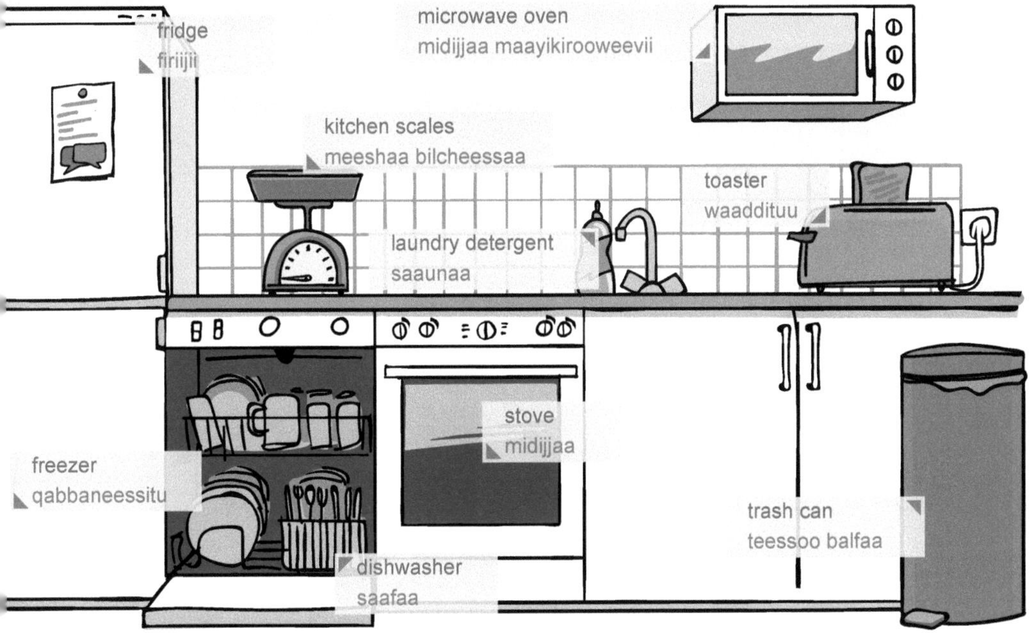

fridge
firiijii
microwave oven
midijjaa maayikirooweevii
kitchen scales
meeshaa bilcheessaa
toaster
waaddituu
laundry detergent
saaunaa
stove
midijjaa
freezer
qabbaneessitu
trash can
teessoo balfaa
dishwasher
saafaa

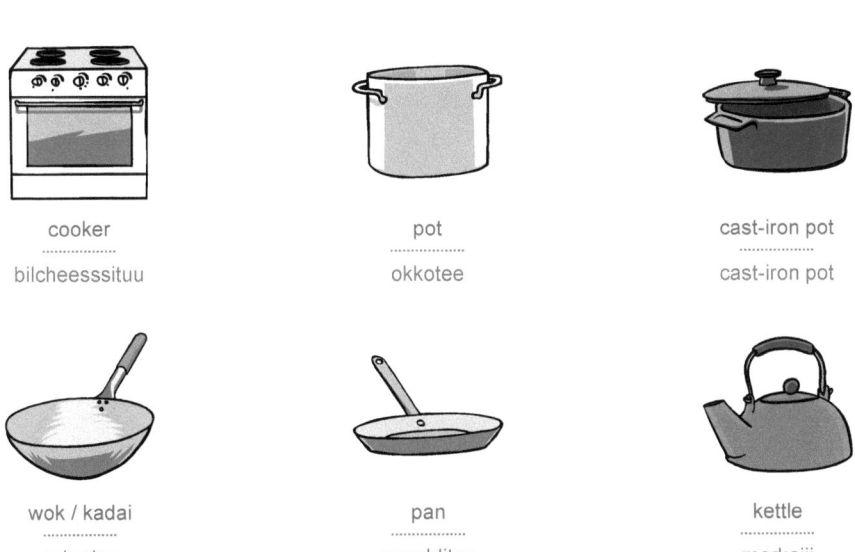

cooker
bilcheesssituu

pot
okkotee

cast-iron pot
cast-iron pot

wok / kadai
sataatee

pan
waaddituu

kettle
markajii

steamer

jabala humna urkaa

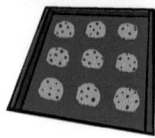

baking tray

tirii bilcheessaa

crockery

bantuu qaruuraa

mug

geeba

bowl

sayinaa

chopsticks

dibata hidhii

ladle

cilfaa

spatula

shuukkaa

whisk

areeda aduurree

strainer

dhimbiibduu

sieve

gingilchaa

grater

meeshaa farfartuu

mortar

mooyyee

barbecue

waadii abiddaa

fireplace

midijjaa

chopping board

maktafiyaa

rolling pin

martuu

corkscrew

bantuu qaruuraa

can

danda'uu

can opener

banuu danda'uu

oven cloth

teesoo okkotee

sink

lixuu

brush

buruushii

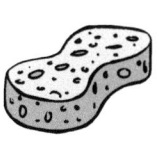

sponge

ispoonjii

blender

meeshaa waliin makaa

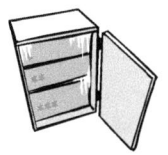

deep freezer

qabbaneessaa guddaa

baby bottle

xuuxxoo

tap

ujjuummoo

kitchen - mana bilcheessaa   37

bathroom
kutaa dhiqannaa

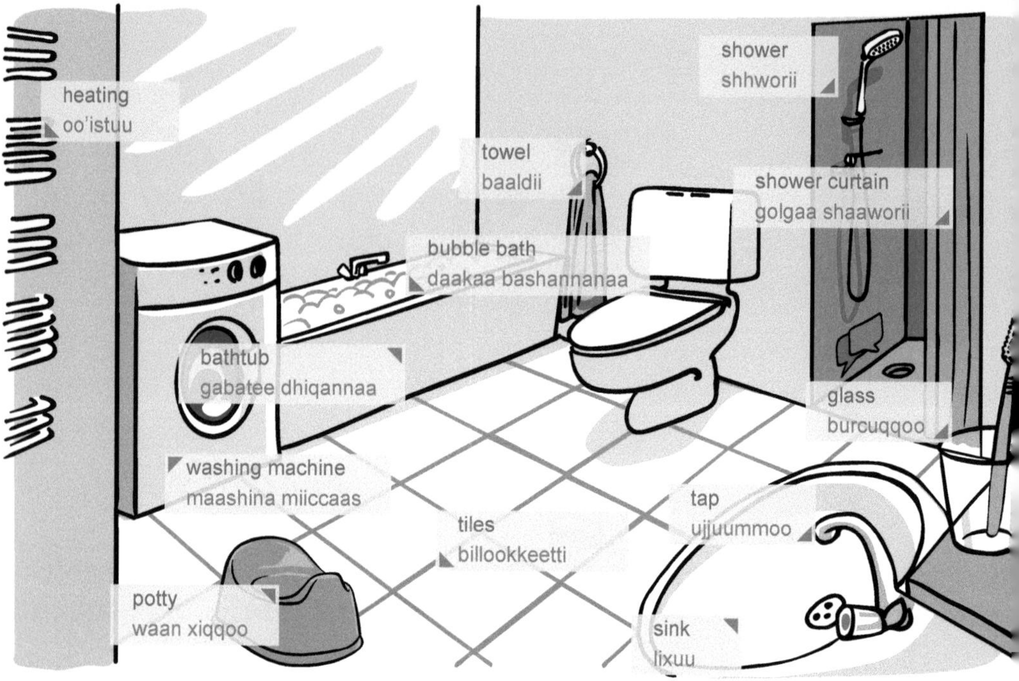

heating
oo'istuu

shower
shhworii

towel
baaldii

shower curtain
golgaa shaaworii

bubble bath
daakaa bashannanaa

bathtub
gabatee dhiqannaa

glass
burcuqqoo

washing machine
maashina miiccaas

tap
ujjuummoo

tiles
billookkeetti

potty
waan xiqqoo

sink
lixuu

toilet

mana fincaanii

squat toilet

mana fincaanii taa'e

bidet

saafaa

urinal

sahiinaa mana fincaanii

toilet paper

sooftii

toilet brush

burusha mana fincaanii

toothbrush

buruushii ilkaanii

toothpaste

saamunaa ilkaanii

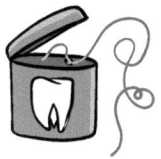

dental floss

soqxuu ilkaanii

wash

dhiquu

hand shower

qaama dhiqannaa aadaa

douche

kan dach

basin

sulula

back brush

mana dhiqataa

soap

saamunaa

shower gel

dibata dhiqannaa boodaa

shampoo

shaampuu

flannel

jejuu

drain

gogsuu

creme

kireemii

deodorant

dodoraantii

mirror

daawitii

hand mirror

daawitii hrkaa

razor

milaacii

shaving foam

dibata areedaas

aftershave

diibata areedaa

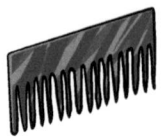

comb

filaa

brush

burusha

hair-dryer

qoorsituu rifeensaa

hairspray

hafuuftuu rifeensaa

makeup

meekaappii

lipstick

lippistiikii

nail varnish

qeessa muculiksituu

cotton wool

jirbii

nail scissors

murtuu qeessa

perfume

shittoo

washbag

korojoo dhiqannaa

stool

gatteechuma

weighing scales

iskeelii ulfaatinaa

bathrobe

uffata dhiqannaa

rubber gloves

guwaantii pilaastikaa

tampon

moodesii

sanitary towel

fooxaa qulquulinaa

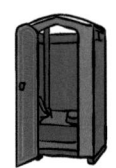

chemical toilet

keemikaala mana fincaanii

kids room
kutaa ijoollee

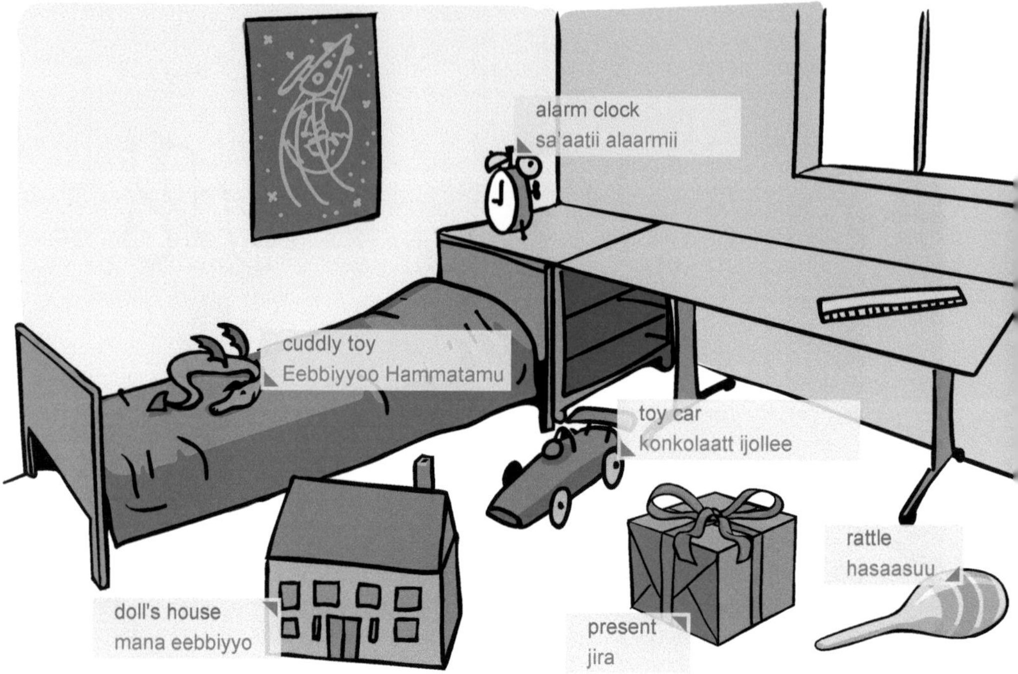
alarm clock
sa'aatii alaarmii
cuddly toy
Eebbiyyoo Hammatamu
toy car
konkolaatt ijollee
rattle
hasaasuu
doll's house
mana eebbiyyo
present
jira

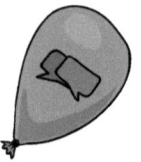

balloon

baaloonii

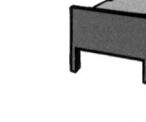

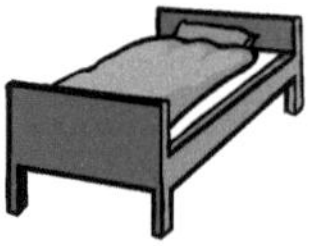

bed

siree

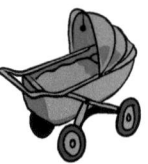

stroller

gaarii daa'imaa

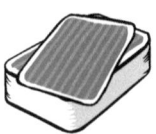

deck of cards

Minjaala Kaardii

jigsaw

akaafaa

SUPER
MEGA

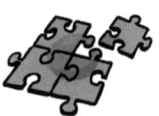

comic

kofalchiisaa

lego bricks

lego bricks

toy blocks

dlookii ijaarsaa

action figure

lakkofsa gochaa

romper suit

guddina daa'imaa

frisbee

saahinaa taphaa

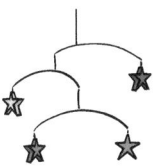

mobile

mobaayilii

board game

gabatee taphaa

dice

kuubii lakk. 1-6 qabu

model train set

teessuma leenji'aa
modeelaa

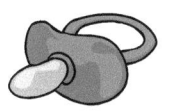

pacifier

fakkii

party

afeerrii

picture book

kitaaba fakii

ball

kubbaa

doll

eebiyyoo

play

tapha

sandpit

boolla cirrachaa

swing

hodhuu

toys

eebbiyyoo

video game console

konsoli tapha viidyoo

tricycle

marsaa sadii

teddy bear

eebiyyo hammatamtu

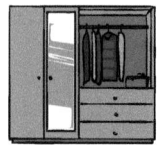

wardrobe

sanduqaa dhaabbii

clothing

cuufinsa

socks

kaalsii

stockings

istookingii

tights

taayitii

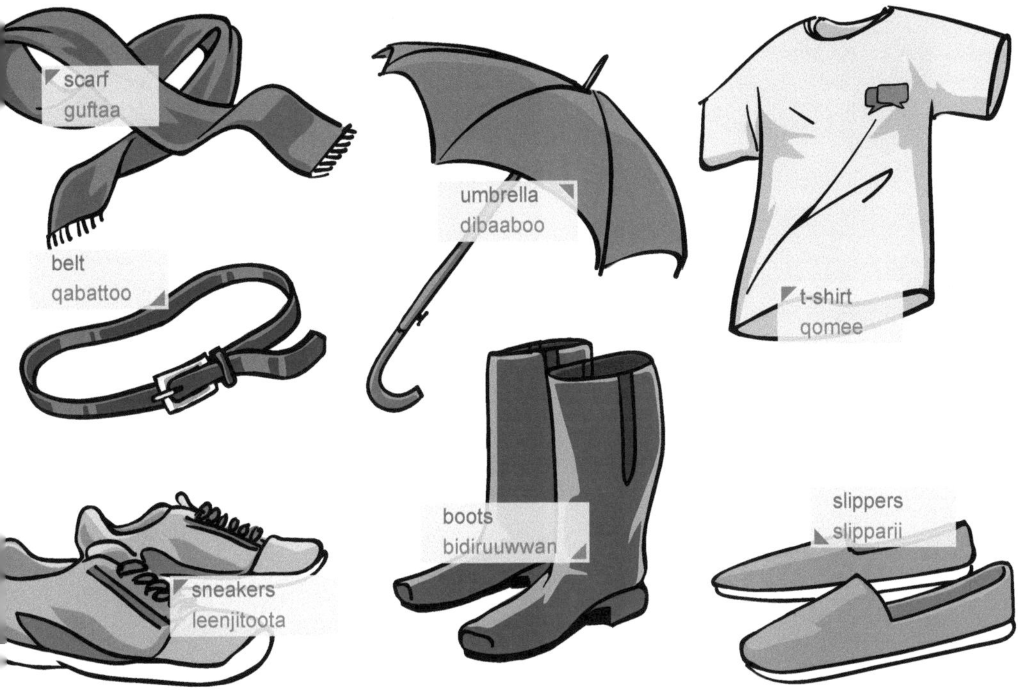

scarf
guftaa

belt
qabattoo

umbrella
dibaaboo

t-shirt
qomee

sneakers
leenjitoota

boots
bidiruuwwan

slippers
slipparii

sandals
kophee banaa

shoes
kophee

rubber boots
bidiruu pilaastikaa

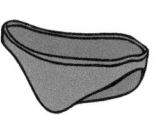

underwear
butaantaa

bra
harmaa

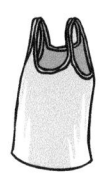

undershirt
sadariyyaa

clothing - cuufinsa

body
qaama

pants
kofoo dheeraa

jeans
jiinsii

skirt
dalgee

blouse
shamiza

shirt
shurraaba

pullover
shurraaba

sweater
haaguuggii jaakkeettii

blazer
yuunifoormii

jacket
jaakkeettii

coat
kootii

raincoat
kafana roobaa

costume
barsuma

dress
wandaboo

wedding dress
kafana gaa'ilaa

suit

kafana guutuu

nightgown

uffata halkanii

pajamas

bijaamaa

sari

wandaboo hindii

headscarf

guftaa

turban

marata

burka

burqaa

kaftan

jalabiyyaa

abaya

abaya

swimsuit

kafana daakkaa

trunks

mudhii

shorts

kofoo gabaabaa

tracksuit

kafanafgichaa

apron

appiroonii

gloves

guwwaantii

button
furtuu

glasses
burcuqqoowwan

bracelet
gumee

necklace
amartii

ring
qubeelaa

earring
glii

cap
geeba

coat hanger
fanoo kootii

hat
qoobii

tie
karbaata

zip
ziippii

helmet
heelmeetii

braces
collee

school uniform
uffata mana baruumsaa

uniform
yuunifoormii

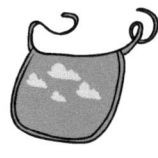

bib

kafana gorooraa

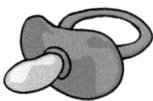

pacifier

fakkii

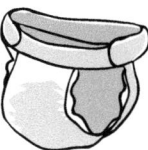

diaper

naappii

office
waajjira

server
sarvarii
filing cabinet
faayil kaabineetii
printer
piriintarii
monitor
moonitarii
paper
warqaa
mouse
maawzii
desk
minjaala
folder
fooldarii
keyboard
kiiboordii
chair
teessoo
waste-paper basket
qircaata gatoo
computer
kompitara

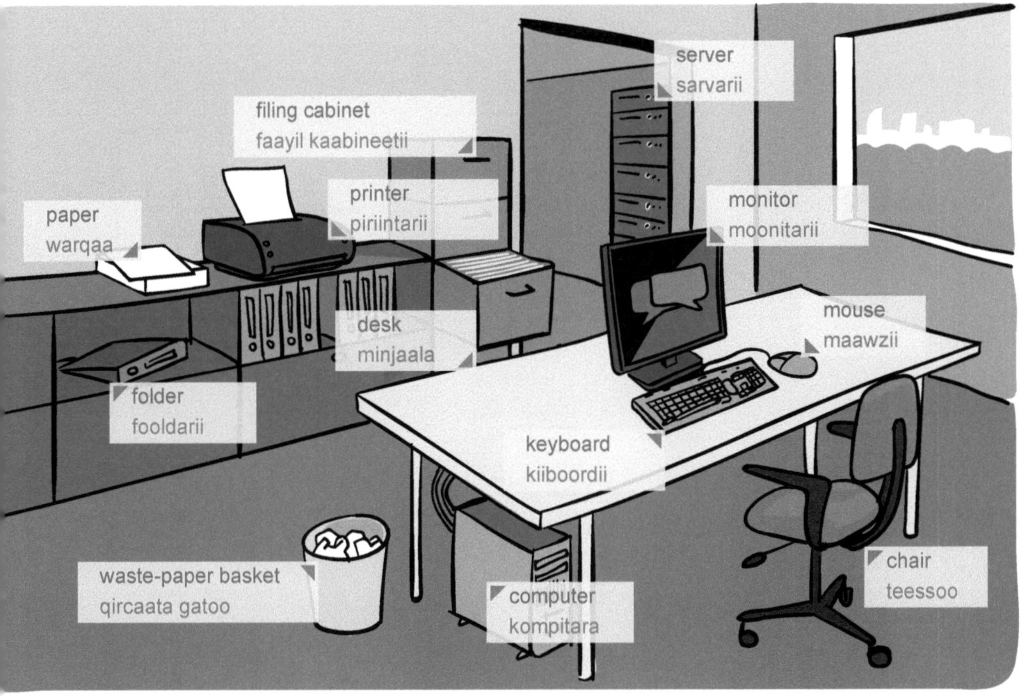

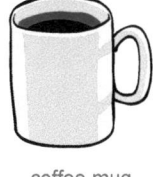

coffee mug

siinii bunaa

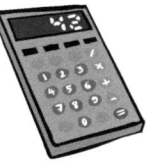

calculator

herregduu

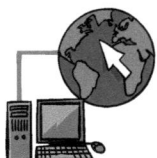

internet

intarneetii

laptop

lab tooppii

letter

xalaya

message

ergaa

cell phone

mobbyilii

network

neetwoorkii

photocopier

maashina footokoppii

software

sooft weerii

telephone

bilbila

plug socket

sookkeetii suuqii

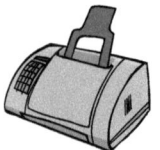

fax machine

maashina faaksiis

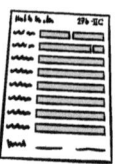

form

uunkaa

document

dookimantii

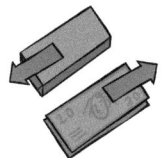

buy

bituu

pay

kafaluu

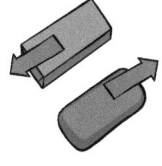

trade

daldaluu

money

qarshii

 **USD**

dollar

doolaara

 **EUR**

euro

yuroou

 **JPY**

yen

yen

 **RUB**

rouble

ruubilii

 **CHF**

Swiss franc

Farankaa swwiz

 **CNY**

renminbi yuan

yuwaanii reenmiinbii

 **INR**

rupee

ruuppee

cash point

kaash pooyintii

currency exchange office

biiroo de cheenjee

gold

warqee

silver

meeta

oil

zayita

energy

human

price

gatii

contract

koontiraata

tax

taaksii

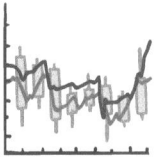

stock

shaqaxa

work

hojjechuu

employee

qacaramaa

employer

qacaraa

factory

faabrikaas

shop

dukkaana

occupations
hojii

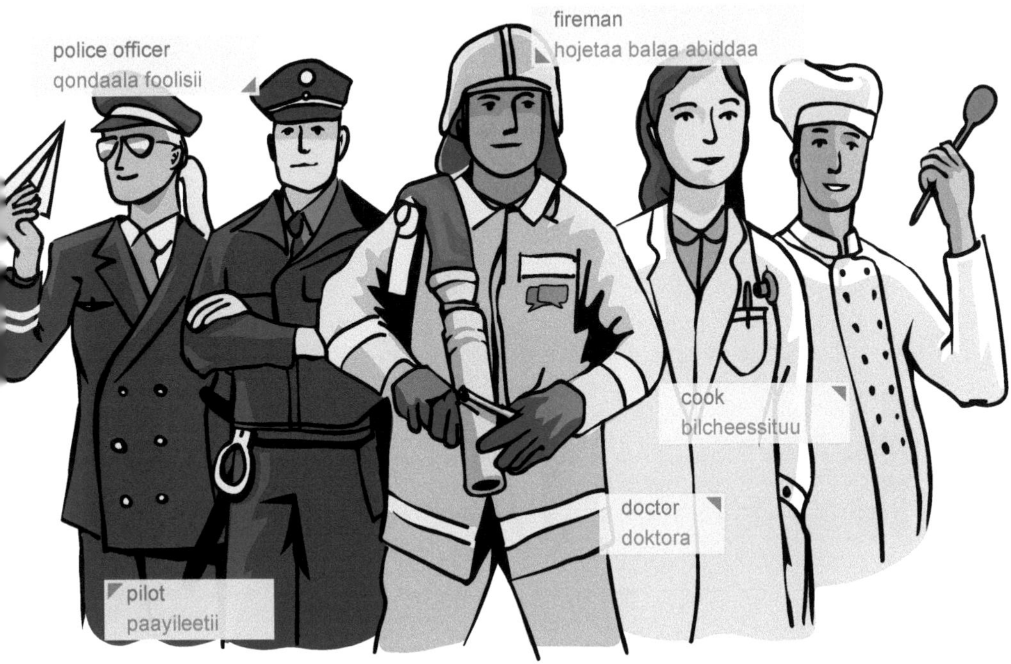
police officer
qondaala foolisii
fireman
hojetaa balaa abiddaa
cook
bilcheessituu
doctor
doktora
pilot
paayileetii

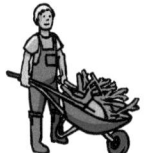

gardener

waardiyyaa

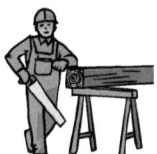

carpenter

ogeessa mukaa

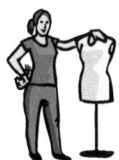

seamstress

ooftuu jabalaa

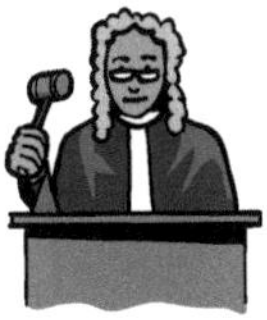

judge

abbaa seeraa

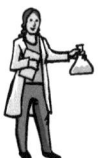

chemist

keemistii

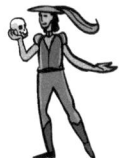

actor

ta'aa

bus driver

konkolaachisaa

taxi driver

konkolaachisaataaksii

fisherman

qurxumii kiyyeessaa

cleaning lady

qulqulleessituu

roofer

hojetaa baaxii

waiter

keessummeessaa

hunter

adamisituus

painter

halluu dibduu

baker

tolchituu

electrician

elektrishaana

builder

ijaaraa

engineer

injinara

butcher

mana foonii

plumber

hjjetaa ujummoo

postman

poostaa geessituu

soldier

raayyaa

architect

arkteektii

cashier

qarshi qabduu

florist

abaaboo gurgurtuu

hairdresser

dabbasaa murtuu

conductor

kondaaktara

mechanic

makaanika

captain

kaappiteenii

dentist

hakiima ilkee

scientist

saayntiistii

rabbi

rabbi

imam

imaama

monk

moloskee

pastor

luba

tools

meeshaalee

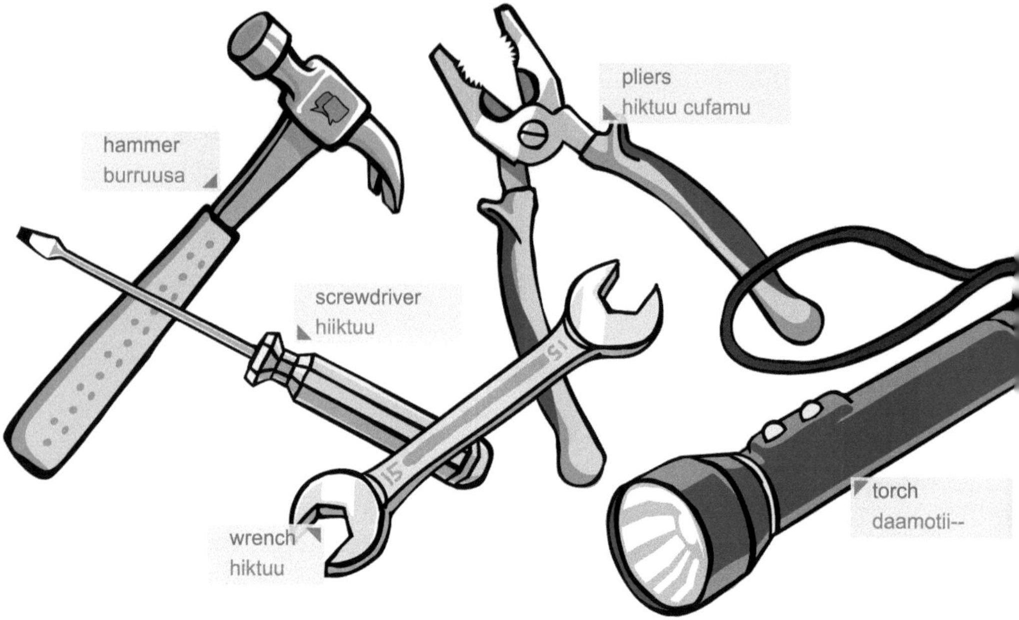
hammer
burruusa
pliers
hiktuu cufamu
screwdriver
hiiktuu
wrench
hiktuu
torch
daamotii--

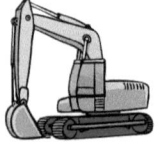

excavator

gasoo

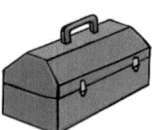

toolbox

saanduqa meeshhalee

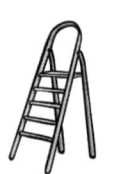

ladder

kortoo

saw

magaazii

nails

bismaara

drill

diriilii

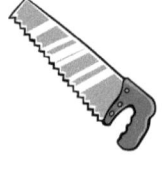

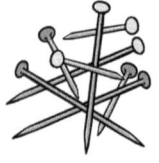

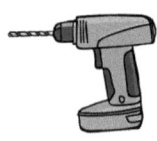

		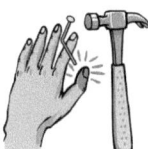
repair	shovel	Damn!
suphuu	akaafaa	dhaabi

dustpan	paint can	screws
gataa balfaa	qodaa haalluu	hiktuu

musical instruments
meeshaalee muuziqaa

loud speaker
sagalee guddistuu

drum set
teessoo dibbee

guitar
gitaara

double bass
sagalee baay'ee xiqqaa

trumpet
tiraampeetii

piano

piyaanoo

violin

vaayoolinii

bass

sagalee xiqqaa

timpani

timpaanii

drums

dibbee

keyboard

kiiboordii

saxophone

saaksi foona

flute

ulullee

microphone

may craafoona

dallaa beeladaa

tiger
qeerreensa

entrance
seensa

cage
garondoo

zebra
hare diidoo

animal feed
soorata beeladaa

panda
paandaa

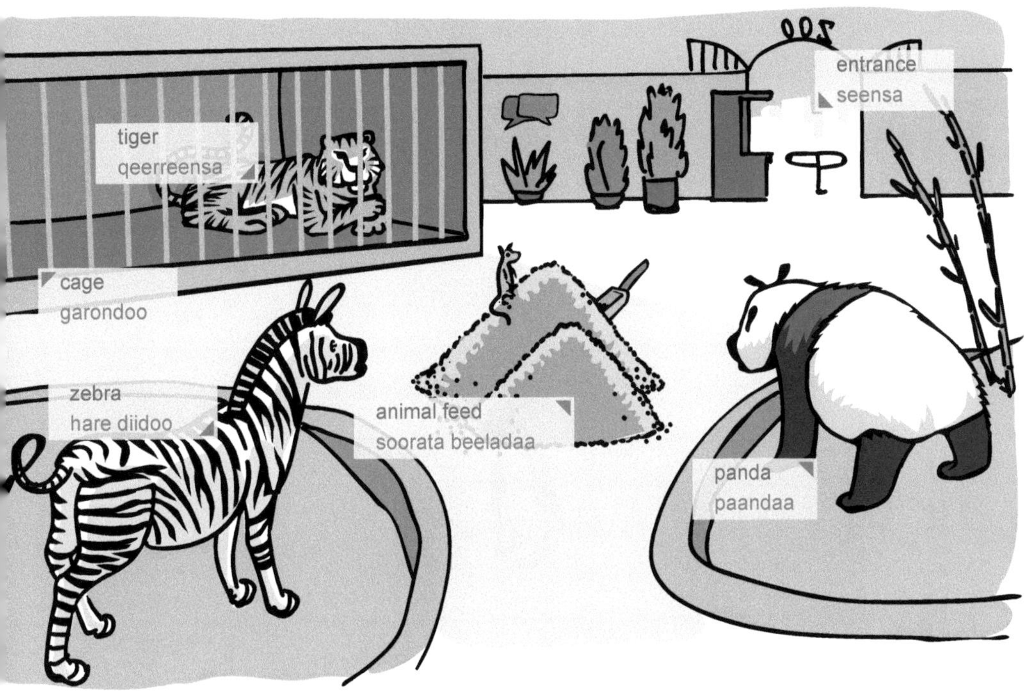

animals

beeladoota

elephant

arba

kangaroo

kaangaaroo

rhino

warseesa

gorilla

jaldeessa guddaa

bear

godaa

camel

gala

ostrich

guchii

lion

leenca

monkey

jaldeessa

flamingo

fiilaamingoo

parrot

simbira dubbattu

polar bear

diibii poolarii

penguin

peengyuunii

shark

shaarkii

peacock

piikookii

snake

bofa

crocodile

qocaa

zookeeper

eegaa zoo

seal

chaappaa

jaguar

sanyii qeerensaa

pony

farda gabaabduu

leopard

sanyii qeerrensaa

hippo

roobii

giraffe

sattaawwaa

eagle

culullee

boar

ifaannaa

fish

qurxummii

turtle

qocaa galaanaa

walrus

beelada bishaan keessaa

fox

sardiida

gazelle

godaa

American football
kubbaa miilaa ameerikaa

cycling
dargmmii bishkilileettaa

tennis
teenisa

basketball
kubba kaachoo

swimming
bishaan daakkaa

ice hockey
sigigoo cabbie

boxing
aboottoo

soccer
kubbaa miilaa

badminton
baadmentanii

athletics
atileetii

handball
kubba harkaa

skiing
skiing

polo
pooloo

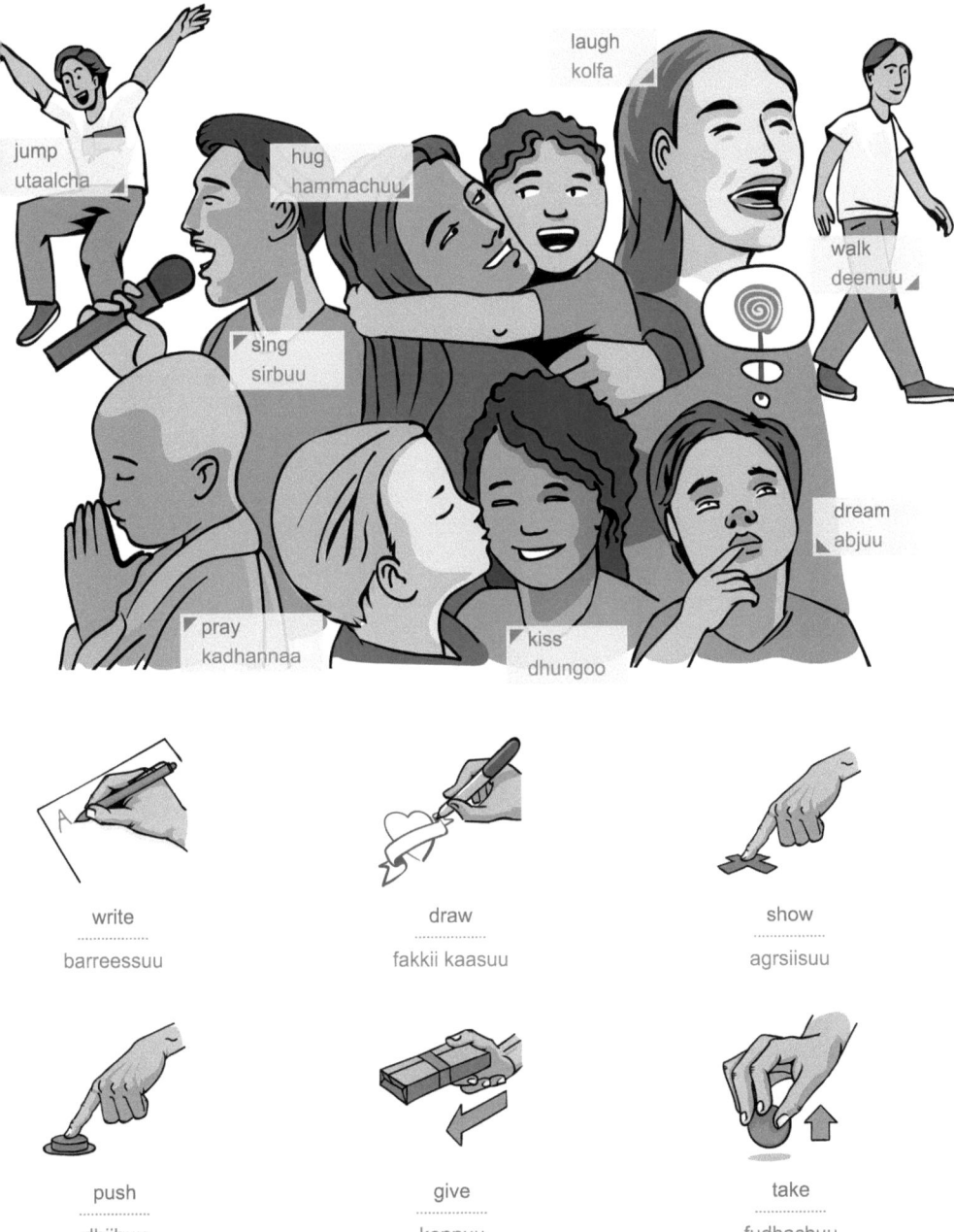

jump
utaalcha

laugh
kolfa

hug
hammachuu

sing
sirbuu

walk
deemuu

dream
abjuu

pray
kadhannaa

kiss
dhungoo

write
barreessuu

draw
fakkii kaasuu

show
agrsiisuu

push
dhiibuu

give
kennuu

take
fudhachuu

have

qabaachuu

do

gochuu

be

ta'uu

stand

dhaabbachuu

run

kaachuu

pull

harkisuu

throw

darbachuu

fall

kufuu

lie

soba

wait

eeguu

carry

baachuus

sit

taa'uu

get dressed

uffachuu

sleep

rafuu

wake up

dammaquu

look at

ilaaluu

cry

iyyuu

stroke

dhiibbaa dhiigaa

comb

filuu

talk

haasa'uu

understand

hubachuu

ask

gaafachuu

listen

dhggeeffachuu

drink

dhuguu

eat

nyaachuu

tidy up

ol kaasuu

love

jaalala

cook

bilcheessuus

drive

oofuu

fly

barrisuu

sail
jabalan

calculate
heerregii

read
dubbisuu

learn
baruumsa

work
hojjechuu

marry
fuudha

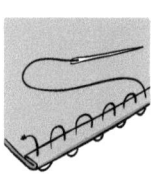

sew
hodhuu

brush teeth
ilkaan rigachuu

kill
ajjeecha

smoke
xuuxuu

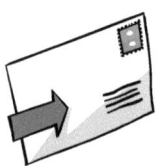

send
erguu

araa haadhaa

grandfather
akaakayyuu karaa abbaa

father
abbaa

mother
haadha

baby
daa'ima

daughter
intala durbaa

son
ilma dhiiraa

guest

keessummaas

aunt

adaadaa

uncle

eessuma

brother

obboleessa

sister

obboleettii

family - warra

body
qaama

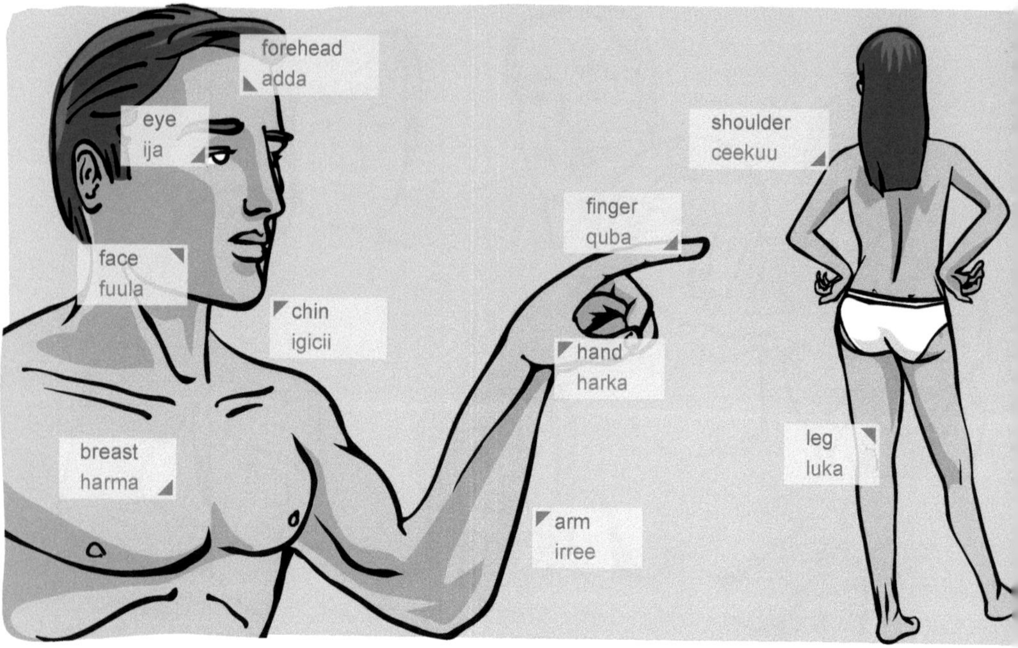

forehead
adda

eye
ija

shoulder
ceekuu

finger
quba

face
fuula

chin
igicii

hand
harka

breast
harma

leg
luka

arm
irree

baby

daa'ima

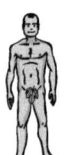

man

nama

woman

dubartii

girl

durba

boy

mucaa

head

mataa

body - qaama

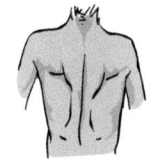

back

duuba

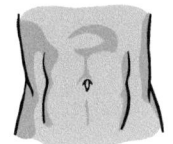

belly

godhami

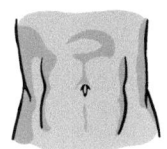

navel

belly button

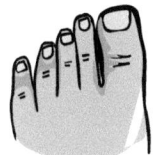

toe

qubq miilaa

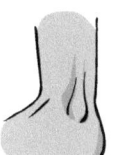

heel

koomee

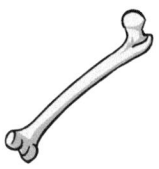

bone

lafee

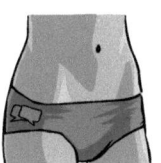

hip

dirra

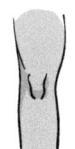

knee

jilba

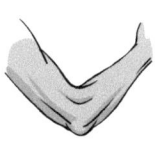

elbow

ciqilee

nose

fuunyaan

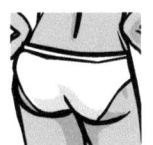

buttocks

jala

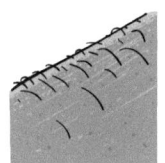

skin

gogaa

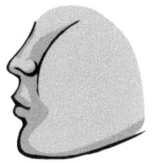

cheek

boqoo

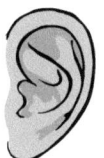

ear

gurra

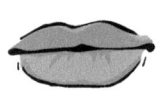

lip

hidhii

mouth

afaan

tooth

ilkee

tongue

arraba

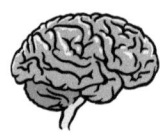

brain

sammuu

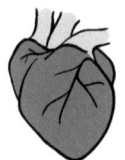

heart

onnee

muscle

fon irree

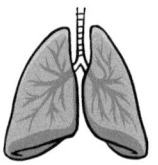

lung

somba

liver

tiruu

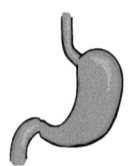

stomach

garaacha

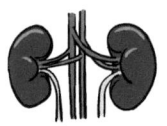

kidneys

kaleewwan

sex

wal qunnamitii saalaa

condom

kondomii

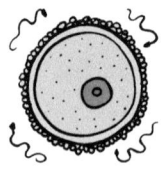

ovum

buphaa dubartii

semen

mi'oo

pregnancy

ulfa

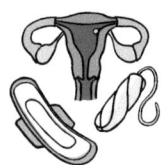

menstruation

laguu ji'aa

vagina

buqushaa

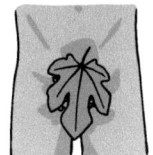

penis

tuffee

eyebrow

laboobbaa ijaa

hair

rifeensa

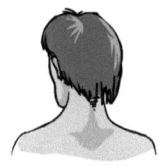

neck

morma

body - qaama

hospital
hospitaala

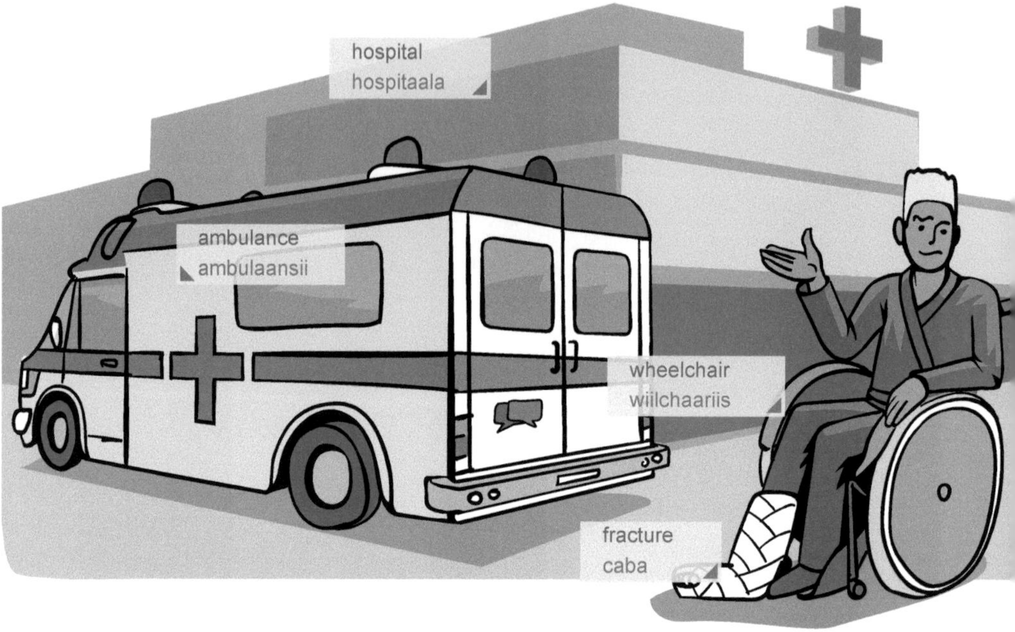

hospital
hospitaala
ambulance
ambulaansii
wheelchair
wiilchaariis
fracture
caba

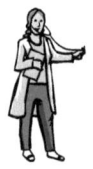

doctor
doktora

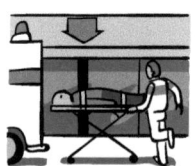

emergency room
kutaa hatattamaa

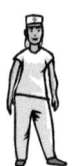

nurse
narsii

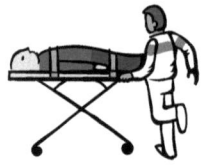

emergency
hatattama

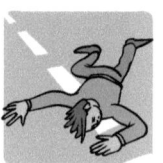

unconscious
kan hin dammaqin

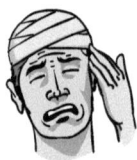

pain
dhukkubbii

injury

miidhhaa

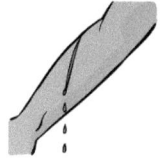

bleeding

dhiiguu

heart attack

dhukkuba onnee

stroke

baay'ina dhiigaa

allergy

hooqxoo

cough

qufaa

fever

oo'aa qaamaa

flu

qufaa

diarrhea

baasaa

headache

bowoo mataa

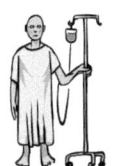

cancer

kaansarii

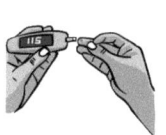

diabetes

dhibee sukkaaraa

surgeon

baqaqsanii hodhuu

scalpel

halbee

operation

hojii

CT

CT

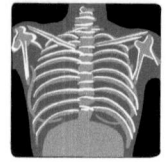

x-ray

raajii

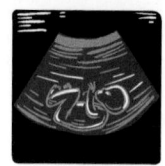

ultrasound

aaltraasaawandii

face mask

haguuggii fuuiaa

disease

dhukkuba

waiting room

kutaa haar galfii

crutch

hirkannaa

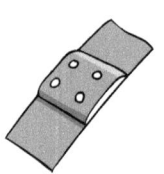

plaster

pilaastara

bandage

baandeejii

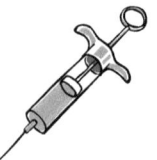

injection

limmoo waraanuu

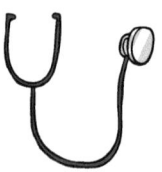

stethoscope

isteetskooppi

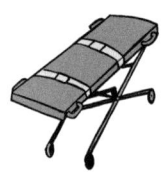

stretcher

siree dhukkubsataa

clinical thermometer

termoo meetira klinikaa

birth

dhaloota

overweight

ulfaatinaa ol

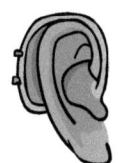

hearing aid

gargaaraa dhageettii

disinfectant

qoricha aramaa

infection

miidhama keessaa

virus

vaayirasa

HIV / AIDS

ECH AAIVII / EEDSII

medicine

qoricha

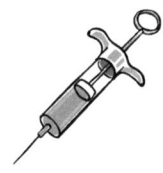

vaccination

talaallii

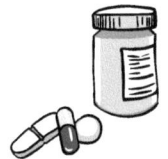

tablets

kiniinii

pill

kiniinii

emergency call

waamicha hatattamaa

blood pressure monitor

too'attuu dhiibbaa dhiigaa

ill / healthy

dhukkuba / fayyaa

Help!	alarm	assault
gargaarsa!	alaarmiis	weerara

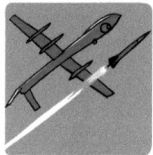		
attack	danger	emergency exit
miidhuu	suukaneessaa	baha hatattamaa

Fire!	fire extinguisher	accident
abidda	abidda dhaamisituu	balaa

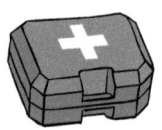		
first-aid kit	SOS	police
saanduqa gargaasa calqabaa	Sii'oosii	foolisii

Europe

awurooppaa

North America

ameerikaa kabaa

South America

ameerikaa kibbaa

Africa

afrikaa

Asia

eesiyaa

Australia

awustraaliyaa

Atlantic

atilaantik

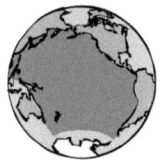

Pacific

paasfiik

Indian Ocean

galaana hindii

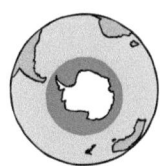

Antarctic Ocean

galaana antaartikaa

Arctic Ocean

galaana arkitiik

North pole

polii kaabaa

South pole

polii kibbaa

Antarctica

antaartikaa

earth

dachee

land

dachee

sea

garba

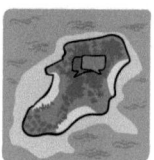

island

odola

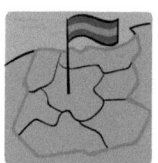

nation

lammii

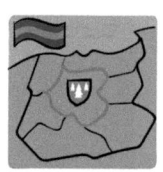

state

kutt biyyaa

clock face

clock face

hour hand

sa'aatii kana

minute hand

daqiiqaa kana

second hand

moofaa

What time is it?

yeroon meeqa ta'ee?

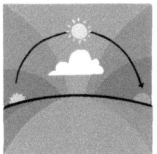

day

guyyaa

time

yeroo

now

amma

digital watch

sa'aatii diiskoo

minute

daqiiqaa

hour

sa'aatii

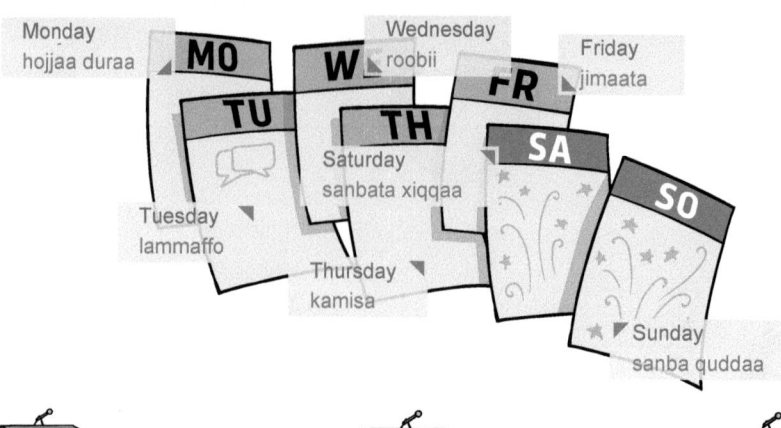

Monday
hojjaa duraa

Wednesday
roobii

Friday
jimaata

Saturday
sanbata xiqqaa

Tuesday
lammaffo

Thursday
kamisa

Sunday
sanba quddaa

yesterday

kaleessa

today

har'a

tomorrow

boru

morning

ganama

noon

guyyaa qixxee

evening

galgala

workdays

guyyaa hojii

weekend

dhuma forbee

rain
rooba

rainbow
sabbata waaqqaa

wind
bubbee

snow
cabbii

spring
birraa

summer
bona

fall
arfaasaa

winter
ganna

weather forecast	thermometer	sunshine
raaga haala qileensaa	teermoomeetirii	baha aduu

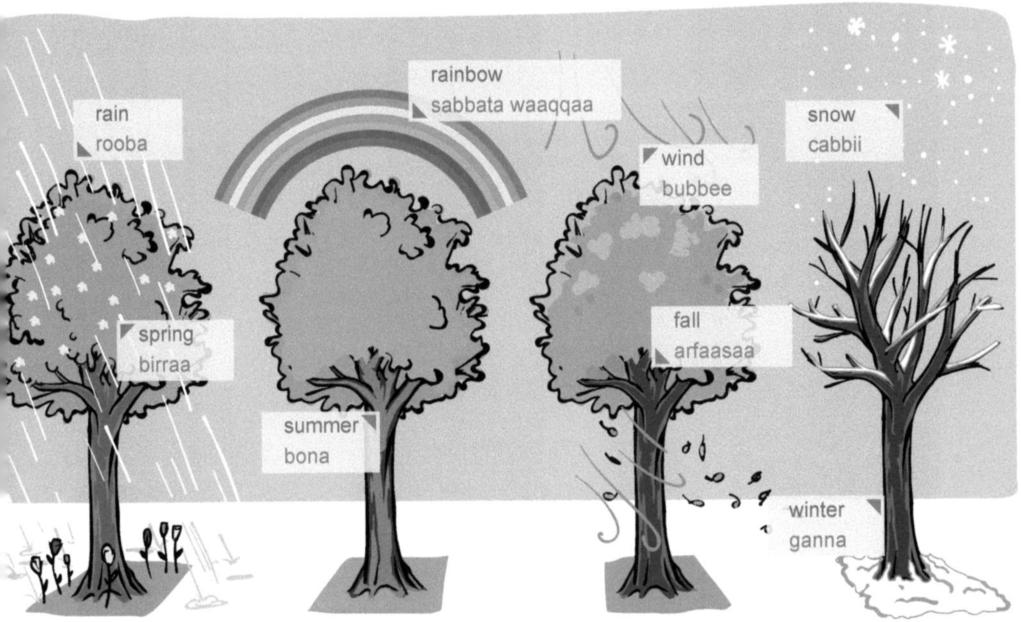

weather forecast
raaga haala qileensaa

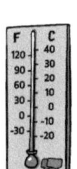

thermometer
teermoomeetirii

sunshine
baha aduu

cloud
duumessa

fog
hurii

humidity
jiidha

lightning

bakakkaa

thunder

balaqqee

storm

dirrisa

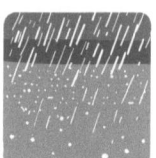

hail

cabbii

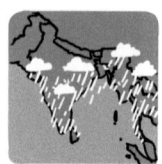

monsoon

monsoon

flood

lolaa

ice

cabbie

January

Amajjii

February

Gurraandhala

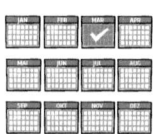

March

Bitootessa

April

Eebila

May

Caamsaa

June

Waxabajji

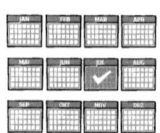

July

Adooleessa

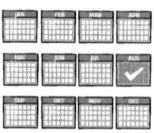

August

Hagayya

September

Fulbaana

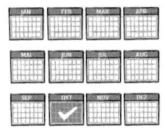

October

Onkololeessa

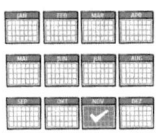

November

Sadaasa

December

Muddee

shapes
boca

circle

geengoo

square

isqeerii

rectangle

rog arfee

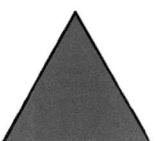

triangle

rg sadee

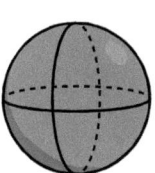

sphere

molaalee

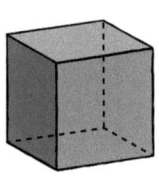

cube

kuubii

colors

haluuwwan

white
adii

yellow
boora

orange
keelloo

pink
boorilee

red
diimaa

purple
bunnii

blue
cuqliisa

green
magariisa

brown
magaala

gray
bulee

black
gurraacha

a lot / a little

baay'ee / xiqqoo

angry / calm

aara / gammachuu

beautiful / ugly

bareeda / fokkuu

beginning / end

calqaba / xumuura

big / small

guddaa / xiqqaa

bright / dark

ifa / dukkana

brother / sister

obboleessa / obboleettii

clean / dirty

qulqulluu / xurii

complete / incomplete

xumuuramaa / kan hin xumuuramin

day / night

guyyaa / halkan

dead / alive

du'aa / jiraa

wide / narrow

bal'aa / dhiphaa

edible / inedible

kan nyaatamu / kan hin nyaatamne

evil / kind

badd / gaarii

excited / bored

gammachuu / ifannaa

fat / thin

furdaa / qal'aa

first / last

calqaba / dhuma

friend / enemy

michuu / diina

full / empty

guutuu / duwwaa

hard / soft

sakoruu / lalllaafaa

heavy / light

ulfaataa / salphaa

hunger / thirst

beeluu / dheebuu

ill / healthy

dhukkuba / fayyaa

illegal / legal

seer malee / seera qabeessa

intelligent / stupid

gaanfuree / dabeessa

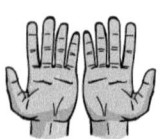

left / right

bitaa / mirga

near / far

maddii / fagoo

new / used

haara'a / moofaa

nothing / something

homma / waan tokko

old / young

jaarsa / dargaggeessa

on / off

ibsuu / dhaamsuu

open / closed

banuu / cufuu

quiet / loud

callisuu / sagalee olkaasuu

rich / poor

sooressa / hiyyeessa

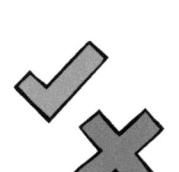

right / wrong

sirrii / dogongora

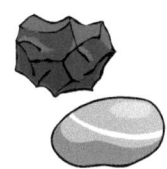

rough / smooth

sokorruu / lallaafaa

sad / happy

aara / gammachuu

short / long

dheeraa / gabaabaa

slow / fast

qususaa / collee

wet / dry

jiidhaa / goggogaa

warm / cool

oo'aa / qorraa

war / peace

lola / nagaa

0	**1**	**2**
zero	one	two
duwwaa	tokko	lama

3	**4**	**5**
three	four	five
sadis	afur	shan

6	**7**	**8**
six	seven	eight
jaha	torba	saddeet

9	**10**	**11**
nine	ten	eleven
sagal	kudhan	kudha tokko

12	**13**	**14**
twelve	thirteen	fourteen
kudha lama	kudha sadi	kudha afur

15	**16**	**17**
fifteen	sixteen	seventeen
kudha shan	kudha jaha	kudha torba

18	**19**	**20**
eighteen	nineteen	twenty
kudha saddeet	kudha sagal	diigdama

100	**1.000**	**1.000.000**
hundred	thousand	million
dhibba	kuma	maliyoona

English

Ingiliffa

American English

Ingiliffa Ameerikaa

Chinese Mandarin

Mandarinii chaayinaa

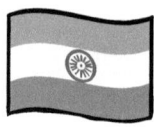

Hindi

Afaan Hindii

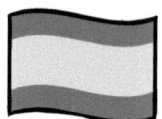

Spanish

Afaan Speen

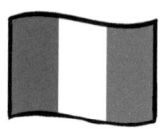

French

Afaan Faransaay

Arabic

Afaan Arabaa

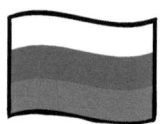

Russian

Afaan Raashaa

Portuguese

Afaan Poortugaal

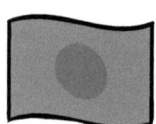

Bengali

Afaan Beengaal

German

Afaan Jarman

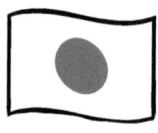

Japanese

Afaan Jaappaan

I
ana

you
si

he / she / it
isa / ishii / isa / wantootaf

we
nu'ii

you
isin

they
isan

who?
eenyuu?

what?
maal?

how?
akkamitti

where?
eessa?

when?
hoom?

name
maqaa

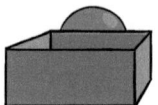

behind

duuba

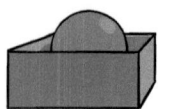

in

keessa

in front of

fuldura

over

irra

on

gubbaa

under

jala

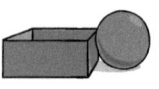

beside

maddii

between

gidduu

place

bakkee